VUES

SUR

LES NÉGOCIATIONS

Nota. *Sans la prolongation de l'armistice,*
cette brochure eut paru au commencement
de l'année......

VUES

SUR

LES NÉGOCIATIONS

QUE le Gouvernement Français pourrait employer pour forcer l'Autriche à la paix, lui enlever les alliés qu'elle peut espérer et hâter l'abaissement du Gouvernement Anglais.

PAR P. D. LE HERICY, (du Calvados.)

SE TROUVE A PARIS,

CHEZ DESSENNE, LIBRAIRE, PALAIS DU TRIBUNAT

ET LES MARCHANDS DE NOUVEAUTÉS,

AN IX - 1800.

VUES

SUR

LES NEGOCIATIONS

Depuis près de dix ans tout le système politique de l'Europe est bouleversé. Alliés, ennemis sont confondus. Toute l'Europe a partagé les horreurs de la guerre. La plupart de nos ennemis l'ont fait sans but, et le sang des peuples a coulé au hasard.

L'Angleterre, l'ame de cette ligue, n'a cru trouver dans la révolution, quelques aient été ses prétextes, qu'une occasion de détruire notre marine, de nous enlever nos colonies, d'anéantir notre commerce et d'établir sur notre ruine et celle de nos alliés son despotisme maritime.

Jusques aux extremités septentrionales de l'Europe, sa perfide politique a été nous créer des ennemis. L'inexpérience de Paul a servi ses projets. Catherine trop habile pour les favoriser, promettait, promettait des secours qu'elle n'eut jamais accordé, et ses vaines promesses abusaient l'Autriche qui continuait à s'épuiser et lui devenait moins redoutable.

Paul a reconnu ses erreurs; mais trop tard. Ses armées qui ont pu nous disputer un moment la victoire; ont retardé la paix, que l'Europe appelle à grand cri.

La paix, la paix est l'objet de tous les vœux ; mais une paix glorieuse et durable. Après tant de triomphes, tant de succès et tant de victoires elle paraît encore éloignée. Jusques à quand faut-il donc bannir cette idée si consolante ? Quoi ! l'Angleterre se rit de nos propositions, les tourne en dérision, insulte à notre gouvernement. L'orgueilleuse Autriche temporise, s'obstine encore. Qu'attend-elle ? des divisions intestines. La fermeté du gouvernement saura les prévenir. Prend-elle notre modération pour faiblesse, notre désintéressement pour impuissance ? Elle se trompe.

Puisque le cabinet de Vienne refuse la paix, que l'or des Indes l'éblouit ; faisons autant craindre à nos ennemis, l'habileté de nos négociations qui doivent redouter la supériorité de nos armes. Jettons un coup-d'œil sur nos anciennes relations et cherchons, dans les débris de ce système politique que créa le traité de Westphalie. Nous y trouverons encore des appuis. Profitons sur tout des fautes de nos ennemis. Prenons la morale de la politique et du temps. La France compte encore quelques hommes, qui, avec les talens de Richelieu, peuvent comme lui remuer l'Europe.

On veut ruser avec nous disoit Thémistocles des ambassadeurs de Sparte. Rusons aussi avec eux, opposons la ruse à la ruse, l'intrigue à l'intrigue. Tous les moyens qui conduiront à la paix et accroîtront notre prospérité, sont grands et sublimes.

DE LA FRANCE.

Par sa seule situation, la France aurait des relations avec tous les peuples d'Europe. Son commerce et son industrie les étendent par tout l'univers.

Une population de trente millions d'hommes ; un territoire fertile ; des ressources presqu'inépuisables ; sa position heureuse au milieu de l'Europe ; deux mers qui l'environnent, remplies de ports vastes et sûrs, lui facilitent une prompte communication dans toutes les parties du monde ; les progrès de l'agriculture marchant d'un pas égal avec les progrès du commerce ; un système d'économie politique qui tend rapidement à la perfection ; des armées avec lesquelles nul autre peuple de l'Europe ne peut disputer en valeur ; des chefs dignes de les commander ; un gouvernement dont les premières autorités sont recommandables par leurs talens , par leur amour sincère de la République , par un desir ardent de son bonheur et de sa gloire ; une multitude d'hommes illustres dans les sciences et dans les arts , qui remplissent la France de considération , en font l'ornement et la prospérité ; et la réunion enfin de toutes les causes qui peuvent contribuer à l'augmentation de richesses , à l'accroissement de puissance d'une nation ; est ce qui constitue l'état politique de la France.

O France ! ô ma patrie ! quel vœu pourrait-il te rester à former ?

Des puissances de l'Europe , l'Autriche et l'Angleterre sont ses seules et constantes ennemies. Les autres peuples n'agissent contre nous d'une manière hostile, qu'accidentellement et suivant la combinaison des événemens politiques. Dans d'autres conjonctures, la France peut espérer de les avoir pour alliés. Souvent sa protection son alliance est recherchée de plusieurs gouvernemens, et il lui reste toujours la facilité de prendre le parti le plus avantageux, le plus conforme à ses intérêts et à sa dignité.

La France dût sa prépondérance aux traités de Westphalie et des Pyrrhénées. Les guerres ruineuses de Louis XIV, l'impéritie de son successeur, la lui ravirent.

Des courtisannes, des ministres corrompus firent signer à Louis XV une alliance monstrueuse avec la maison d'Autriche. Par là on semblait désapprouver le systéme politique de tant de grands hommes, qui avaient continuellement dirigé nos armées contre l'Autriche et qui avaient épuisé tous les moyens que peut fournir la politique, pour affaiblir cette puissance. Ce traité d'alliance signé à Versailles en 56, renouvellé et modifié en 57 et en 58, eut pour nous des effets plus pernicieux que n'eurent avec cette même maison d'Autriche, des siècles d'hostilités. Elle nous cédait artificieusement de faux droits, de vaines prétentions, pour des droits et des prétentions réels. Elle exigeait de nous des dépenses énormes, sans que nous eussions l'espoir du plus foible dédommagement. Nous perdîmes tous nos alliés, la Porte Ottomane, la Prusse, la Suisse, divers états de l'empire Germanique, nous préparâmes je partage de la Pologne, nous marchâmes honteusement à la suite de la maison d'Autriche, nous attirant de toutes parts des reproches d'ignorance et d'ingratitude.

De pareilles fautes serviraient à éclairer l'avenir, si le gouvernement français avait besoin de cette funeste expérience. Le traité de paix prochain les rachetera et va donner à la France pour long-temps, une grande prééminence dans les affaires de l'Europe.

***

ANGLETERRE.

Il faut remonter au loin dans l'histoire, pour trouver l'origine des rivalités de la France et de l'Angleterre. Le point où elles commencent, est vers le temps des croisades, de ces expéditions fanatiques où la crédule Europe se précipitait sur l'Asie, et où sa population alla pendant des siecles s'engloutir par millions.

Un long espace de temps, n'a pu éteindre la haine des Anglais contre la France. Dans les derniers traités de paix, l'Angleterre se montre par-tout également ardente à la ruiner et à l'avilir.

Quelle triste preuve en donne le traité de 1763 ! ce traité signé dans les murs même de Paris, est la paix la plus honteuse que puisse faire un peuple ; une paix, présage certain de la ruine et de la décadence d'une nation. L'Angleterre s'approprie la plus grande partie de nos Colonies, dans toutes les parties du monde. Elle nous force à combler le port de Dunkerque, à en démolir les fortifications qui avaient échappées au traité d'Utrecht ; et pour surcroît d'humiliation, elle y fit établir un commissaire anglais, pour veiller à ce qu'on ne nétoie pas le port d'une ville de France, sans la permission du Roi d'Angleterre.

La mauvaise foi des Anglais, est un des axiômes de la politique d'Europe. On l'a faiblement caractérisée, en la comparant à la foi punique. Jamais peuple n'a porté si loin la corruption , l'infraction aux traités et la violation du droit des gens. L'Angleterre , toujours constante dans le but d'établir son despotisme maritime sur l'un et l'autre hémisphère, emploie tout pour l'atteindre. Apprenez-lui un forfait, de nouveaux crimes pour y parvenir, vous serez à Londres, un homme utile, un citoyen recommandable.

Il semble que chacun des ministres du cabinet de St.-James , ait pris pour des maximes de politique, ces vers que Corneille met dans la bouche du scélérat qui fit trancher la tête à Pompée :

La justice , Seigneur , n'est pas une vertu d'état,
Le choix des actions ou mauvaises ou bonnes,
Ne fait qu'anéantir la force des couronnes;
Le droit des rois consiste à ne rien épargner;
La timide équité détruit l'art de régner ,
Quand on craint d'être injuste , on a toujours à craindre;
Et qui veut tout pouvoir , doit oser tout enfreindre.
Fuir comme un déshonneur la vertu qui nous perd ,
Et voler sans scrupule au crime qui nous sert.

Quelles affreuses idées ces insulaires ne donnent-ils pas de leur politique ? Qui ne se rappelle les crimes qu'ils ont commis dans le Bengale, dont ils ont réduit la population à moitié; leurs exactions dans l'Inde; la ruine totale de Tipoo qu'ils viennent de précipiter de son trône, pour envahir le reste de ses états ? Qui ne se rappelle encore l'exécrable tentative des anglais sur une ville de France , femmes , vieillards , enfans , citoyens paisibles devaient être immolés à la vengeance du cabinet de Ste.-James. Plimouth avait vu construire cette machine infernale, qui n'allait plus laisser de St.-Malo qu'un amas de ruines et de décombres. La fortune s'opposa à leurs coupables projets. L'ingénieur artisan de cette monstruosité périt, et le gouvernement anglais n'en fut pas moins couvert d'opprobres, devant les nations policées et les peuples barbares.

Dans cette guerre nous avons vu l'Angleterre entassant crimes sur crimes, allumer le flambeau de la discorde, embrâser la France des feux de la guerre civile. Prendre pour prétexte le rétablissement d'une religion, l'objet de leurs mépris; un titre chez eux, d'exclusion de tous les emplois, la cause de la persécution des malheureux Irlandais; prendre pour prétexte de donner un roi à la France, eux qui avaient conçu tant d'indignation contre Louis XIV de ce qu'il avait reconu Jacques II. Nous les avons vu remplir la Vendée de carnage, s'emparer lâchement de Toulon, incendier nos vaisseaux; payer les révoltés du Midi et couvrir la France d'horreurs.

Oppresseurs des Irlandais, bourreaux du Bengale dévastateurs de l'Inde je vous ai peint comme ennemis il me reste à tracer, qu'elle est-votre conduite, envers vos alliés, envers les puissances neutres, et il me reste à montrer comment votre politique doit hâter votre ruine.

L'Espagne et l'Angleterre étant unies dans cette guerre, un convoi Espagnol de 22 vaisseaux chargés de grains qu'escortait une frégate, voguait de Cadix à Barcelonne. Le chef d'une escadre Anglaise, qui croisait sur les côtes d'Espagne, s'empara du convoi de son allié, et le fit conduire dans les ports de l'Angleterre.

Monsieur Del Campo ambassadeur d'Espagne à Londres, étonné de voir entrer prisonniers les vaisseaux de sa nation, dans la Tamise, courut se plaindre. Mais il ne pu tirer du ministère Anglois aucune autre satisfaction que ce mot-ci *c'est une méprise*, *cela s'ex-pliquera*. Le gouvernement Anglais concevait que l'explication était difficile, pendant quatorze mois il ne put la donner et l'ambassadeur d'Espagne n'a pu obtenir ni le payement des grains, ni la restitution de ses vaisseaux.

Voilà les Anglais ennemis et amis. Quel rapport est il le plus avantageux d'avoir avec ses insulaires ?

Les pirateries et les brigandages des Anglais, envers les puissances neutres, font retentir toute l'Europe des cris de vengeance et d'indignation ; les vaisseaux du Danemarck traînés dans les ports de l'Angleterre ; le pavillon Suédois insulté ; la marine du Roi de Prusse défiée ; le monopole des Anglois dans la Baltique, qui leur a attiré l'animadversion de Paul I, apprennent à à l'Europe quels sont les prétentions du cabinet de Ste. James.

D'un coin de l'Océan, ces insulaires prétendent soumettre à leur marine toutes les parties du Monde. Nul vaisseau ne peut sillonner les mers si l'Angleterre ne le permet ; plus il ne peut transporter aucunes marchandises, n'aborder dans d'autres ports queceux que l'Angleterre indiquera.

Vils marchands d'esclaves, ce n'est pas assez de stipuler dans des traités, l'odieux privilége de vendre des hommes. Vous vous efforcez à ruiner l'Europe ; vous projettez d'enlever à toutes les puissances leur commerce. Tremblez, le gouvernement français les ralliera, les conjurera toutes contre vous, et votre ruine est infaillible.

Quelque soit votre affreux machiavélisme, quelque dangereuse que soit votre détestable politique, vous avez outragé l'Europe, et l'Europe se vengera. Avec une foible population d'onze millions d'hommes, que les émigrations et les suites de la guerre ont réduites ; avec des armées que vous traitez en Allemagne, comme votre compagnie de l'Assiento traite les noirs, sur la côte de Guinée ; qu'osez-vous prétendre ? quelles sont vos ressources ? Tout le lucre du commerce des Indes ; tout le produit du trafic que vous faites sur les cadavres des victimes du Bengale ; toutes les richesses du Brésil, dont vous frustrez le Portugal, pour prix de son alliance avec vous, suffisent à peine pour payer les intérêts de votre énorme dette. Il n'est ni compagnie de banque, ni de la mer du Sud, ni des Indes Orientales, il n'est charlatannerie politique qui puisse dérober l'Angleterre à une banqueroute ; qui ruinera son commerce, changera sa constitution, sa politique, et détruira sa puissance.

ALLEMAGNE.

L'OBSTINATION de l'Autriche à nous faire la guerre, n'est pas l'un des événemens de la politique, le plus facile à expliquer. Victorieuse, nos revers lui susciteroient des ennemis. Vaincue, elle verra se changer des propositions honorables en des conditions onéreuses.

Le cabinet de Vienne, malgré l'habileté de ses intrigues, doit perdre l'espoir de se reconcilier avec ses anciens alliés. L'accroissement de puissance qu'il a acquis dans cette guerre, le rend redoutable à ses voisins, et compromet leur sûreté. L'Autriche doit les trouver peu disposés à favoriser ses prétentions, et à lui prodiguer des secours, qui pourraient la rendre encore possesseur de la plus grande partie des riches contrées d'Italie.

Cependant quelles peuvent être les causes de l'éloignement de l'Autriche pour la paix ? Ces causes sont, l'influence du cabinet de Ste.-James, l'artisan des malheurs de l'Europe ; les vaines espérances que l'Autriche conserve sur la Russie ; l'embarras des négociations.

Le traité de paix prochain, comme l'a fait celui de Westphalie, changera la constitution de l'Empire Germanique. Cet évènement nécessaire est, je le répète, l'un des plus grands obstacles à la paix. L'Autriche, par son obstination peut le détourner quelque temps et non l'empêcher. La paix devient indispensable à l'Allemagne qui doit être lasse d'être l'un des théâtres de la guerre, et d'en endurer toutes les horreurs.

Ce seroit peut-être ici le lieu de faire de cette brochure un ouvrage complet, en essayant d'indiquer les compensations, les dédommagemens, les sécularisations que les circonstances nécessiteront ; en essayant d'offrir une diversité de calculs capables de satisfaire tous les intérêts propres à conserver à la république les avantages qu'elle doit retirer de ses victoires. Ce seroit fournir un moyen d'abréger les négociations, et le digne auteur d'une telle entreprise, aurait des droits à la reconnaissance de tous les peuples.

Mais puis-je oser tenter de résoudre des difficultés que n'a pu vaincre le congrès de Rastadt et qui exerceront de nouveau le génie des plus habiles politiques de l'Europe !

Je m'écarterais d'ailleurs très inutilement du plan

que je me suis proposé, de chercher quels sont les moyens de forcer l'Autriche à la paix ? de lui enlever les alliés qu'elle peut espérer ? et de hâter l'abaissement du gouvernement anglais ?

SUÈDE.

La République doit d'abord tout employer pour faire renaître en Suède, le parti des chapeaux ou le parti français. L'assemblée constituante le détruisit en refusant impolitiquement de payer les subsides accoutumés, en les accordant de nouveau, bientôt on ranimera ce parti, qui ne tardera pas à acquérir une grande influence.

Richelieu, qui vouloit exécuter les projets de Henri IV sur la maison d'Autriche, fût le premier qui unit la France à la Suède. Une suite de victoires presque non interrompues, fût le résultat de leur alliance. Les talens du chevalier Oxenstiern, l'habileté de Richelieu, faisaient triompher cette ligue, par les armes et par les négociations. Le ministre français occupait l'Angleterre chez elle, enlevait le Portugal à l'Espagne qu'il attaqua, insurgeoit la Catalogne, et forçait les autres puissances à rester tranquilles spectatrices des grands changemens qui s'opéraient dans l'Europe.

A Munster et à Osnabruck, se conclut en 1648, la paix qui, par l'influence de ces deux peuples, ruina la puissance des successeurs de Charles-Quint ; qui créa de nouveaux états ; changea le système politique de l'Europe, et lui donna un droit positif.

La nation *Suédoise* pauvre, mais belliqueuse et jouissant en Europe d'une considération justement acquise, contribua pour beaucoup au succès de nos armes.

Malgré les changemens survenus dans le systême politique de l'Europe; malgré les guerres malheureuses que la Suède soutint sous le règne de Charles XII; malgré les traités désastreux de Nystadt et d'Abo; la France ne diminua point de ses bonnes intentions envers la Suède. Le cabinet de Versailles qui vouloit arrêter les progrès de la puissance naissante de la Russie, continua de payer des subsides, qui ne fructifièrent pas il est vrai, autant qu'on devoit l'attendre; mais ils nous conservoient pour des temps plus prospères, l'appui d'une ancienne alliée et procuroient au commerce de la France dans la Baltique, des avantages qu'aucun autre peuple n'avoit pu obtenir.

Jusques à l'époque de notre révolution, la Suède s'est presque toujours dévouée à nos intérêts, et la cour de Stockolm n'a paru suivre d'autres systêmes, que ceux que dictoit le cabinet de Versailles pour l'intérêt commun.

Il n'est personne qui ne doive être convaincu, combien il nous importe dans les circonstances présentes, de renouveller nos anciennes rélations avec ce peuple si généreux. Ce seroit même un moyen de nous rapprocher de la Russie.

DANEMARCK.

On a loué la prudente politique du Danemarck, pour n'avoir point pris aucune part à la guerre. Avec une foible population de deux millions d'hommes, et

un

un médiocre revenu ; quelle influence pourroit-il avoir, n'ayant ni la volonté ni l'occasion d'étendre son territoire ?

Depuis la paix de Nystadt en 1721 , le Dannemarck a gardé une constante neutralité, favorable à son commerce, propice à son industrie et qui augmente sa population. Si en 1787 il agit comme auxiliaire de la Russie contre la Suède, ce fut forcément et par suite d'un traité antérieur.

Le Danemarck indifférent aux événemens qui agitent l'Europe, a profité de la chûte du commerce de la Hollande pour augmenter le sien, en donnant un asyle aux négocians et manufacturiers hollandais réfugiés , et en faisant de concert avec les Hambourgeois, le courtage du nord de l'Europe.

Les vexations des Anglais , les insultes répétées faites au pavillon Danois, l'atteinte que ces insulaires portent au crédit de maîtres du Sund , sont des puissants motifs qui détermineront le Danemarck à agir contre les Anglais d'une manière hostile, s'il peut espérer des alliés.

Dans tout autre temps , nos rapports avec le Danemarck se bornent à des rapports commerciaux. Dans les circonstances actuelles , le gouvernement doit tout employer pour exciter le Danemarck à se venger de l'ennemi commun , et pour donner des appuis à la cour de Copenhague.

B

RUSSIE.

Le rôle important, mais funeste pour elle qu'a rempli la Russie, va me donner lieu de m'étendre un peu sur ses intérêts politiques.

Cet état comprend huit cens lieues, depuis l'extrémité la plus septentrionale de l'Europe jusqu'à la pointe de la Crimée, et 2,000 à peu près depuis Riga en Livonie à l'Ouest, jusqu'au Kamstchatka, au Nord-Est de l'Asie.

Sur une surface de 1,600,000 lieues carrées, la population de la Russie n'est évaluée qu'à 25 ou 26,000,000 d'habitans ; ses revenus à 200,000,000 fr. ; ses troupes à 35,000 hommes; et sa marine à 50 vaisseaux, dont 40 dans la Baltique et la mer glaciale, et 10 dans la mer noire.

L'habile politique de Catherine avoit acquis à la Russie, une sorte de prépondérance en Europe. Elle sut profiter des troubles de la Pologne pour en envahir une partie, et elle termina avantageusement deux guerres avec les Turcs, qui lui valurent plusieurs Provinces ; dès lors il convenoit au cabinet de Petersbourg de conserver la paix.

La position géographique de la Russie, sa proximité d'états puissans, le délabrement ou Catherine II avait réduit ses finances, ses nouvelles possessions en Pologne, non affermies, tous ces différents intérêts sembloient prescrire impérieusement au Czar de garder la neutralité dans cette guerre. Cette conduite qui n'eût rien laissé pressentir de ses intentions, eût fait craindre à chacune des puissances belligérantes de l'avoir pour ennemi, eut conservé ses forces intactes, aurait fait rechercher sa médiation, et lui aurait donné la facilité de profiter de l'embarras de ces mêmes puissances, pour s'emparer des provinces turques, objets de l'ambition du cabinet de Pétersbourg, et lui eut laissé la facilité de maintenir l'équilibre.

Le Czar, au contraire, mû par un esprit de vertige, a tout sacrifié à un système chevaleresque ; il a accru la puissance de l'Autriche dont il a tout à craindre. Dupe également des Anglais, à la paix, il aurait vu ses alliés se changer en ennemis.

Le Directoire, il est vrai, contribua lui-même à décider le Czar à agir hostilement contre la France, en négligeant par trop de présomption de préparer la cour de Pétersbourg à la conquête de l'Egypte. Quoiqu'il en soit, Paul, en rappelant ses troupes, a reconnu qu'il devait sacrifier son ressentiment, sa jalousie, à ses inté-rêts. Sa propre expérience lui a appris qu'il était tou-jours dangereux d'accroître la puissance d'un voisin naturellement ambitieux. Cependant l'Empereur en refusant la paix, paraît en espérer de nouveaux sé-cours.

Il appartient au gouvernement français qui a prouvé à l'Europe sa loyauté, sa modération son désintéres-sement. Il appartient au gouvernement français de désabuser le Czar, de lui montrer qu'elle doit être sa politique, et de le rapprocher de nous.

Pétersbourg est de toutes les cours de l'Europe, celle où la République doit s'appliquer à faire briller le plus sa magnificence, par des présens, des fêtes données aux ministres de l'Empereur qui nous gagneraient leur bienveillance, et nous prépareraient celle du Czar. Nous devons tout prodiguer pour nous concilier cet homme extraordinaire, qui prenant tantôt un parti, tantôt un autre, qui rompant avec tous les peuples, ne traite de la paix avec aucun, et erre ainsi au milieu des affaires de l'Europe, sans projet, sans but, et sans plan.

On a vu Paul, d'ennemi acharné qu'il s'était montré de la France, en devenir tout-à-coup le partisan. Il fit publier avec une sorte de solemnité les détails et les suites de la bataille de Maringo. Il se rapprocha de la Prusse, parce qu'elle était amie de la France, et il parut ambitionner la gloire de pacifier l'Europe. Mais telle est la bizarrerie de son caractère qu'en même-temps il entamait de nouvelles négociations avec l'Autriche et en redevenait l'ami. Il n'a montré de caractère que contre les Anglais dont l'insolence l'a profondément blessé.

Quand une quadruple alliance est prête à se former dans le Nord, profitons de ces heureuses dispositions, de cette mesintelligence entre les anglais pour occasionner une rupture et pour nous attacher la Russie On doit espérer que le Czar ne manquerait pas de seconder les efforts de ses alliés. Les mécontentemens fondés qu'il a contre les tyrans des Mers, seraient pour lui des motifs de rabaisser leur orgueil. Il s'est déjà prononcé en renvoyant l'ambassadeur anglais et le gouvernement britanique n'a pu retenir Monsieur de Kalistcheff ambassadeur russe, quel-

ques égards qu'on ait eu pour lui et quelques aient
été les propositions conciliatrices qu'on lui ait faites.
La Russie, il est a croire, ne ferait pas d'accommo-
dement sans qu'elle et ses alliés n'eussent reçu une
satisfaction éclatante. Il est donc de notre intérêt
d'exciter les puisances du nord, contre l'Angleterre.
C'est le seul moyen de faire une paix honorable,
d'obtenir la restitution de nos colonies, et de
conquérir la liberté des mers.

Le succès de nos négociations paraît d'autant plus
facile que la Russie qui semblait naguères vouloir l'a-
néàntissement de la France, est revenue a un système
plus modéré ; la marche des troupes russes, vers la
Galicie ou Pologne Autrichienne et son desir bien prononcé d'accéder à la quadruple alliance, s'ils ne sont
pas des indices certains d'une guerre prochaine contre ses anciens alliés, prouvent au moins l'intention
de rétablir l'équilibre et de se déclarer contre des
puissances trop ambitieuses.

On ne saurait trop apprécier l'alliance d'un prince
dont la jonction avec les puissances du nord nous sou-
mettrait les anglais, et qui consentirait sûrement à ce
que nous conservassions l'Egypte pour se venger des
turcs qui l'ont aliéné.

L'ambassadeur russe à Constantinople a été rap-
pellé pour le refus fait par la Porte, d'abandonner
les îles Vénitiennes. Peut-être que si nous nous fus-
sions dès lors entendu avec le cabinet de Pétersbourg,
que nous lui eussions offert notre appui nos moyens, en
lui donnant une explication franche et loyale sur nos

B 3

projets. Il est vraisemblable qu'il se fut déclaré en notre faveur.

Maintenant encore nous devons tout employer pour rechercher son alliance. Malgré les intrigues de la cour de Vienne et les moyens de corruption qu'emploieront les anglais; en lui faisant comprendre que quelques saient les chances de la guerre, il n'a rien a craindre de nous, qu'il peut tout espérer de notre alliance, même notre appui dans le cas où il voudrait faire des conquêtes sur les turcs ; tandis que l'alliance des anglais et de l'empereur serait un obstacle à ses vues et lui serait préjudiciable dans d'autres cas.

Outre les suites heureuses qu'auraient pour la France une alliance avec la Russie. Ses disposition amicales envers nous, donneraient à l'Autriche des inquiétudes sur la Pologne Autrichienne, sur ses propres états, isoleraient l'Empereur et rendraient sa majesté britanique plus économe de ses subsides, envers la maison d'Autriche.

On peut assurer que des négociations de paix avec la cour de Vienne ne seraient pas alors sans effet.

EGYPTE ET TURQUIE.

QUE si ces négociations avec la Russie étaient inutiles, si après avoir tout employé pour mettre le Czar dans nos interêts, nous dussions désespérer de le déterminer à agir selon nos vues, il nous faudrait toujours négocier à Stochkolm, augmenter les subsides , pour donner au parti des chapeaux la plus grande influence ; négocier même à Constantinople. L'Egypte n'y sera point un obstacle : l'invasion de l'Egypte, dirons-nous aux Musulmans, est un tort d'un gouvernement que les Français ont détruit. Si depuis nous ne l'avons pas évacuée, c'est votre faute, c'est celle de vos alliés. Mais quoiqu'il arrive, le gouvernement français doit s'obstiner et faire tous les sacrifices pour la conserver. L'Egypte placée au centre des trois parties du monde, nous rendra possesseurs d'un commerce immense, et sera pour la France une source de richesses et de prospérités. Avec l'Egypte nous pouvons sacrifier impunément la plus grande partie de nos Colonies.

Beaucoup de politiques n'ont pu se dissimuler combien la conquête des états de Tipoo augmentait la puissance et la richesse des Anglais ; mais il en est peu qui après un tel événement aient fait attention combien la possession de l'Egypte nous devenait importante ; par sa position avantageuse, par sa proximité de l'Inde, où nous pouvons facilement et en peu de temps envoyer des forces considérables. C'est de l'Egypte qu'il nous est permis d'espérer de détruire, ou de balancer au moins la puissance des Anglais dans l'Inde.

Aussi le cabinet anglais a-t-il tout employé pour nous enlever cette conquête, et pour entraver la navigation de la mer Rouge. Il a fait attaquer Cosseir, le meilleur port d'Egypte sur cette mer ; il a fait diriger les armées turques, dans tous leurs mouvemens. Les flottes anglaises se sont emparées des îles de Socctora et de Perrin. La première a 150 lieues au sud du détroit de Babel Mandel ; la seconde dans le détroit même. Inutilement ils conservent encore ces îles, leur aridité, leur défaut de mouillage ne permettent pas d'y former d'établissement.

De toutes les vaines tentatives des Anglais, il est facile de conclure, qu'ils exigeront l'évacuation de l'Egypte pour préliminaires de la paix. Chose à laquelle le gouvernement français doit s'opposer de tous ses moyens; ce qu'il fera d'autant plus facilement, que toutes les puissances maritimes verront avec plaisir, que nous ayons la faculté de nuire aux Anglais quand l'occasion s'en présentera.

Nous n'en promettrons pas moins au Divan, s'il est nécessaire, la restitution de l'Egypte, mais à la paix générale, dans un temps fort éloigné. Il n'y aurait pas maintenant de sûreté pour le retour des héros qui la défendent.

Offrons notre alliance, notre appui à la Porte Ottomanne; rappelons lui les prétentions du cabinet de Pétersbourg sur les îles Vénitiennes; prétentions dont il a tout à craindre les suites pour ses propres états.

Excitons la Porte à la guerre; armons la contre la Russie. Que le Divan s'efforce de se venger des humiliants traités de Cainardgi et de Sistove, tandis que le parti des chapeaux employerait tout pour réparer les traités ruineux de Nystadt et d'Abo.

Le Danemarck profitera de ces mouvemens pour rompre l'alliance qui l'unit à la Russie. Il semble que la cour de Copenhague ait oublié cette trivialité politique : que les puissances du second ordre, doivent toujours rechercher l'alliance des états de même force, ou ne s'unir qu'avec des puissances dont l'éloignement ne leur laisse rien à craindre. Principe dont l'oubli eut pour le Danemarck des suites funestes, dans la courte guerre de 1787.

C'est des Suédois et non des Russes, que la cour de Copenhague doit recevoir l'impulsion.

Le gouvernement français peut représenter à ces cours comme facile, l'exécution de leurs entreprises sur la Russie, sous un tel prince, dans l'état de délâbrement où sont et ses finances, et ses armées.

On pourrait encore faire renaître, toujours au moyen du parti français en Suède, le projet de Marguerite; l'union de Calmar; si cela convient aux intérêts de la France.

L'Empereur ne peut demeurer témoin oisif de tous ces mouvemens. Contraint de les surveiller et d'y prendre part, il consentirait facilement à faire sa paix avec la France.

P R U S S E.

Si la Prusse n'accède à la quadruple alliance; il est probable qu'elle ne cessera de suivre la politique connue du cabinet de Berlin. Elle restera inactive, attendant le moment propre à acquérir une augmentation de territoire, et en conservant ses forces intactes, pour devenir l'arbitre de l'Europe.

Ses possessions éparses sur la surface de l'Allemagne, environnées de plus de cinquante souverains grands et petits, lui commandent une grande circonspection pour conserver ses rapides acquisitions. Au commencement de ce siècle, la Prusse comptait à peine parmi les puissances du troisième ordre. Maintenant elle figure avec éclat dans le système politique.

Lors de l'avènement du grand Frédéric, en 1740, la population de la Prusse n'était évaluée qu'à 2,400.000 habitans ; ses revenus à 36,000,000 f. Depuis, elle a acquis la Silésie en 1741 et 1742 pendant la guerre de la succession d'Allemagne ; l'Oost-Frise en 1744, après la mort de son prince ; La Prusse polonaise et la Cassubie en 1773, lors du premier partage de la Pologne ; les Margraviats de Bareith et d'Anspach en 1741 ; Dantzick, Thorn, toute la partie de la Pologne, depuis la rive droite de la Vistule, jusqu'à la rivière de Pileza en 1793.

La population des états du roi de Prusse, est maintenant de plus de 11,000,000 habitans ; ses revenus sont évalués à 190,000,000 f. ; ses armées sont portées à 260,000 hommes. La roi de Prusse, devenu le rival de l'Empereur, en est devenu l'ennemi. Les intérêts de la Prusse se mêlent à ceux de la France. La République a donc peu à craindre des intentions du cabinet de Berlin. Qui secondera la Prusse ? si ce n'est le gouvernement français, dans les prétentions d'accroissement qu'elle aura incontestablement à la paix.

La Prusse qui par le dernier partage de la Pologne, s'est donnée pour voisins des princes qui ont déjà tenté d'envahir ses propres états ; la Prusse qui par son état militaire forcé, n'a pour long-temps aucun intérêt à se mêler aux affaires de l'Europe dans toutes les occasions ; la Prusse, dis je, loin de rompre les liens qui l'unissent à la France, doit s'appliquer à les resserrer de plus en plus.

Si cependant le cabinet de Berlin venait à nous faire suspecter ses bonnes dispositions, la Pologne pourrait nous offrir un puissant moyen de diversion ; et les circonstances en feraient infaiblement naître de nouveaux plus sûres et moins dispendieux. L'alliance de la Prusse avec nos autres ennemis, serait une alliance monstrueuse qui porterait en elle même les principes de sa destruction.

Parmi cette multitude d'évènements qui naissent et se précipitent avec une rapidité inconcevable. Il en est qui offre des moyens plus faciles et plus certains, que de longues négociations de résoudre les questions que je me suis proposé.

Si l'Isle de Malthe, que nous avons perdu l'espoir de secourir ; et dont les Anglais attendent chaque jour la capitulation, étoit rendue. Le Czar qui avec son titre de grand maître de l'ordre, croît devoir être le possesseur de cette île (*) la disputeroit. Il est probable, au cabinet de Ste.-James. Et bientôt on verroit le Hanôvre envahi et la ligue du Nord lutter avec les flottes de l'Angleterre. L'Autriche abandonnée sans retour de la Russie, la seule alliée qu'elle puisse espérer ; se trouveroit livrée à elle même contre toutes nos armées, et nous serions assurés de la victoire et de la paix.

____

(*) On m'objectera sans doute qu'attirer la Russie au Midi de l'Europe, c'est favoriser ses plus grandes prétentions, c'est agir contre nos intérêts, ceux de nos alliés, et ceux même de nos ennemis. Qu'importe, le Czar pour demander Malte l'obtiendra-t-il ; de plus le conservera-t-il malgré toutes les puissances de l'Europe.

DU GOUVERNEMENT ANGLAIS.

Le gouvernement Anglais, par sa politique tend à sa destruction, et semble lui-même la provoquer. Qu'attend-il des insulstes qu'il fait aux pavillons de toutes les puissances et la violation si manifeste des droits de toutes les nations ? Ce brigandage Britanique ne peut être de longue durée. Tous les peuples qui pourront le frapper impunément, saisiront l'occasion de s'en venger.

On peut regarder comme impossible, la paix entre la France et l'Angleterre. Ce ne seroit qu'un traité honteux qui cimenteroit le despotisme maritime des anglais et qui seroit une source prochaine de calamités pour la république et pour l'Europe. Si l'Angleterre ne conservoit en effet des conquêtes assez considérables, pour payer les nouveaux intérêts d'un capital énormément accrû. La publication d'un traité de paix, serait la publication de sa banqueroute.

Pitt, dans une séance du parlement, dit : « Le gouvernement Français ne peut coexister avec le gouvernement Anglais ». Ce n'étoit point une déclamation oratoire, c'est une vérité politique. Le premier ministre de Ste.-James a prononcé entre la France et son pays. Eh bien ! il faut que le plus fort triomphe du plus faible, le juste de l'injuste.

L'Europe ne ne jouira de la paix, que lorsque le gouvernement Anglais qui la tourmente ne sera plus. Cromwel, commençât la fortune de l'Angleterre, sa prospérité s'accrût avec nos malheurs, sa ruine doit suivre notre régénération. Ce ne sont point les seules colonies que le cabinet de Ste.-James nous a enlevé dans cette guerre, qu'il doit nous restituer, ce sont encore celles qu'il a acquis par l'avilissant traité de Paris. Qui peut croire à une paix durable, si on laisse à l'Angleterre les moyens qui ont rendu ses flottes si formidables, son commerce si immense, et qui ont établi son despotisme maritime ?

Gouvernement anglais, nos armées ont fait oublier à l'Europe cet odieux partage de la France que vous projettâtes à Pilnitz ! Vos intrigues, votre ambition et vos crimes qui vous ont fait abhorrer de l'un et l'autre monde, fixent seuls, l'attention de tous les peuples. Ils ne demanderont pas envain la réformation de votre système politique : ils ne demanderont pas envain la liberté des mers.

DE L'ESPAGNE.

La République sent faiblement son alliance avec l'Espagne ; plus par son impuissance que par sa mauvaise foi. Il eût mieux valu, il est vrai, pour le cabinet de Madrid, avoir stipulé la neutralité, par quelques conditions secrettes, lors du traité de Bade ; que de compromettre ses possessions en Amérique, qu'il eût déjà perdues, si l'Angleterre eut eu assez de force pour les conserver. Quoique le gouvernement français soit bien convaincu du dévouement généreux et sincère de son allié, il doit néanmoins encore l'inviter à faire de nouveaux sacrifices, à seconder la République de tous ses moyens, et à se fier sur notre puissante protection pour obtenir à la paix , la restitution de ses colonies , et des dédommagemens.

Quand le roi d'Espagne saura qu'il est le chef d'une société civile ; qu'il saura que ce sont aux affaires de ce monde et non pas de celles d'un autre, qu'une grande partie de sa nation doit s'occuper exclusivement; quand, par des encouragemens qui détruiront les habitudes oiseuses des Espagnols , il activera les travaux des campagnes, des fertiles provinces de l'Espagne ; quand il enverra aux champs, aux armées, les prêtres , les moines , les religieux de tous ordres et de tous sexes, dont l'Espagne est remplie; alors elle reconquerrera un grand rôle dans le système politique. (*)

PORTUGAL.

On va tenter, dit-on, la conquête du Portugal. L'avilissement où l'ont réduit les Anglais nécessite cette expédition ; c'est leur enlever une riche colonie, c'est forcer la maison de Bragance à la paix , si on veut l'accepter .... Envahir le Portugal tróp tôt , serait peut-être compromettre nos négociations dans le Nord.

Ou je me trompe fort ou quelques unes de ces négociations peuvent réussir et hâter cette heureuse époque où nous recueillerons le fruit de toutes nos victoires. Mais qu'à un système détruit succède un nouveau système. Les intérêts de tous les peuples de l'Europe, sont susceptibles d'un nombre infini de combinaisons. Rap-

(*) Avant la découverte de l'Amérique on évaluait la population de l'Espagne à 22,000,000. Maintenant on n'en compte pas 10,000,000.

prochons-les tour-à-tour, et que la France triomphe de ses ennemis par ses armes et par ses négociations.

Paix Continentale! Liberté des mers! Agréables idées! vous ne serez pas toujours de trompeuses illusions, puisque votre réalité est le prix des talens et de la valeur.

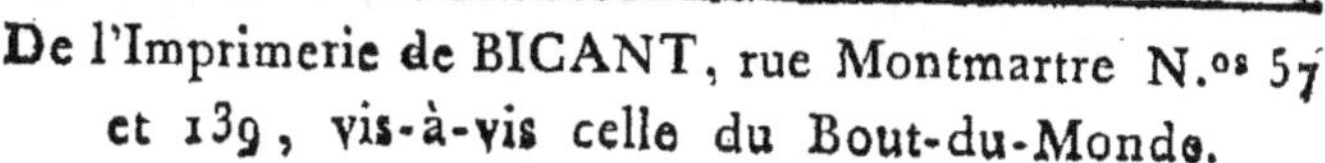

De l'Imprimerie de BICANT, rue Montmartre N.os 57 et 139, vis-à-vis celle du Bout-du-Monde.

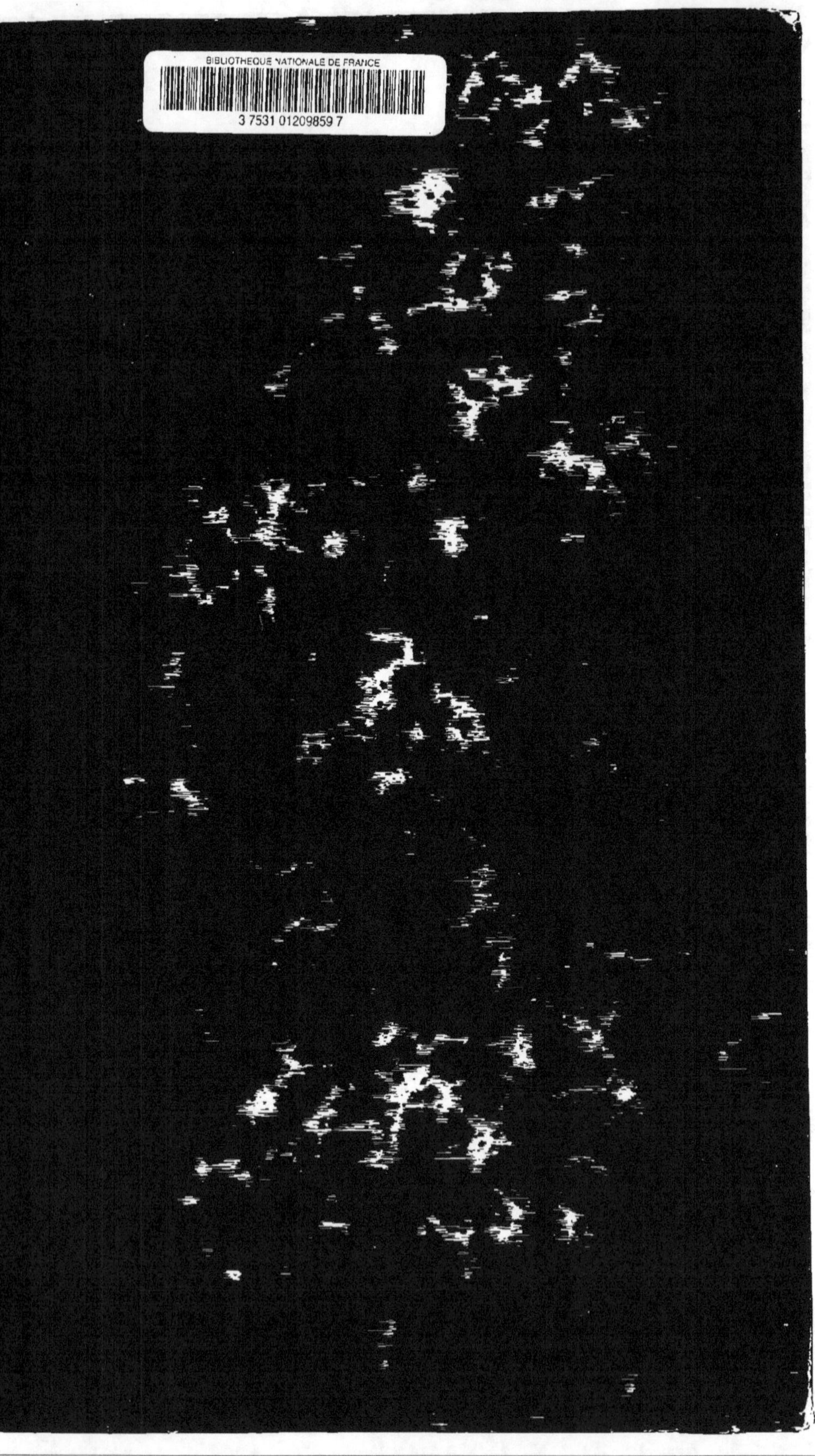